GABRIEL MAR[

L'AUVERGNE AUX SALONS

DE 1892

EXTRAIT DE LA *REVUE D'AUVERGNE*

CLERMONT-FERRAND

TYPOGRAPHIE ET LITHOGRAPHIE G. MONT-LOUIS

2, Rue Barbançon, 2

1892

LIBRAIRIE ALPHONSE LEMERRE
23-31, passage Choiseul, 23-31

LES BEAUX-ARTS

EN AUVERGNE ET A PARIS

(1868-1889)

PAR

GABRIEL MARC

Sous ce titre : **LES BEAUX-ARTS EN AUVERGNE ET A PARIS (1868-1889)**, la librairie Lemerre vient de publier un volume d'un caractère très particulier, qui forme la troisième partie de cette trilogie littéraire, inspirée par l'Auvergne, comprenant la Poésie : *POÈMES D'AUVERGNE*, les Contes du pays natal : *LIAUDETTE*, et enfin la Critique d'art. L'Académie française et le public ont accueilli favorablement les deux premiers volumes. Nous pensons que le troisième sera lu avec intérêt, non-seulement par les admirateurs des paysages de montagnes, mais encore par ceux qui se préoccupent du mouvement artistique en général, et qui trouveront dans ce livre des études raisonnées sur les diverses écoles modernes et sur les principales œuvres exposées aux Salons parisiens.

Un volume in-18 jésus. — Prix : 3 fr. 50.

POÉSIES DE GABRIEL MARC

SOLEILS D'OCTOBRE.	LE PUY-DE-DOME.
LA GLOIRE DE LAMARTINE.	SONNETS PARISIENS.

POÈMES D'AUVERGNE (Mention honorable de l'Académie française).
[Charpentier, éd.]

THÉATRE

QUAND ON ATTEND! Comédie jouée au Gymnase par M. Saint-Germain.

PROSE

LIAUDETTE, Contes du pays natal (Ouvrage couronné par l'Académie française).
[Charpentier, éd.]

GABRIEL MARC

L'AUVERGNE AUX SALONS

DE 1892

EXTRAIT DE LA *REVUE D'AUVERGNE*

CLERMONT-FERRAND

TYPOGRAPHIE ET LITHOGRAPHIE G. MONT-LOUIS

2, Rue Barbançon, 2

1892

L'AUVERGNE AUX SALONS

DE 1892

Expositions dans les Cercles, expositions des Aquarellistes, des Pastellistes, des Graveurs, expositions se succédant sans interruption depuis janvier, voilà un fait indéniable. Leur nombre est en raison directe de celui des visiteurs qui, compétents ou non, se pressent dans ces galeries de plus en plus à la mode. Le goût est aux œuvres d'art. Chacun en discute, et vante ses artistes préférés. Il faut avoir vu les tableaux à succès, même les excentricités dont on parle. On s'entasse donc, avec frénésie, dans les Salons grands ou petits pour admirer ou critiquer, chacun selon son tempérament. Après tout, comme disait, avec un fin sourire, le regretté poète Théodore de Banville, cela vaut mieux que d'aller au cabaret.

Nous avons suivi la foule, comme chaque année, depuis près de trente ans, avec la pensée, nous allions écrire la manie, de découvrir, parmi ces toiles et ces sculptures, celles qui peuvent intéresser l'Auvergne. Il y en a beaucoup et l'énumération en sera longue. Mais, comme il s'agit de notre cher pays et de ses artistes, personne ne voudra paraître s'en apercevoir.

Dès le mois de janvier, les Cercles artistiques de la rue Volney et de la rue Boissy-d'Anglas ont ouvert leurs portes. On y a remarqué les compositions de M. Franc Lamy, un de nos peintres les plus en vue : *Dans le Parc*, fantaisie exquise ; *Le Ruisseau*, fraîche étude d'après na-

ture, et une femme en bleu, pleine de charme rêveur,
The blue devils. M. Serendat de Belzim, notre compatriote
d'origine, qui travaille, avec persévérance et succès, dans
son riant atelier de l'avenue de Villiers, y avait de beaux
portraits, celui, entre autres, de M. Lejuge de Segrais, et
une délicieuse petite Bretonne, à la coiffe blanche, *Prière
à Sainte Anne*.

Les œuvres nouvelles du sculpteur Denis Puech étaient
fort admirées ; rien de gracieux, en effet, comme le marbre :
Graziella enfant, et de fin et d'élégant comme la statuette
représentant Mme Constans, la femme de l'ancien ministre
de l'Intérieur. Citons aussi un joli tableau : *Le Printemps*,
de M. Edmond de Lastic, et une aquarelle de M. Georges
Villain : *Cour de ferme, en Auvergne*.

*
* *

Au Palais des Champs-Elysées, a eu lieu la onzième
exposition de l'Union des Femmes peintres et sculpteurs,
que dirige si vaillamment une artiste de premier ordre,
une statuaire hors concours, Mme Léon Bertaux. On se
souvient de ces compositions vigoureuses ou délicates :
Jeune Gaulois, prisonnier des Romains (1864) ; L'Amour
dominateur (1865) ; Le Printemps, qui lui valut, en 1875,
une médaille de 2e classe. S'oubliant elle-même, elle emploie maintenant son activité à mettre en relief le talent
des femmes artistes. Elle y réussit et son Salon était remarquable. Nous y avons particulièrement admiré les
350 tableaux, études et esquisses de Mme Peyrol-Bonheur,
la sœur de Rosa Bonheur, et d'Auguste Bonheur, dont les
paysages du Cantal sont bien connus. Quelle belle famille
d'artistes doués ! M. Peyrol, le fils, qui vient d'obtenir
cette année une médaille de 2e classe, est lui-même un
sculpteur distingué. Il est l'auteur d'une belle statue de
Vercingétorix devant César, dont la réduction a figuré au
Salon de 1889. Sa mère, Mme Peyrol-Bonheur, aimait

aussi l'Auvergne. Elle y a pris un grand nombre de ses sujets. Son exposition posthume a donné une idée juste de son indiscutable talent.

.·.

Le paysagiste Léon-Germain Pelouse, mort l'an dernier, est désormais entré dans la vraie célébrité, grâce à la réunion de ses œuvres à l'Ecole des Beaux-Arts. Comme l'a dit justement M. Philippe Gille, dans la remarquable préface du Catalogue, ce n'est que par la vue de l'ensemble de l'œuvre d'un peintre qu'il est permis de juger de sa réelle valeur et de l'importance qu'il doit prendre dans l'histoire de l'art de son temps. On a donc pu se rendre compte du mérite et de l'originalité de l'artiste qui a si bien interprété les paysages du Doubs, de la Bretagne, des environs de Paris et de l'Auvergne. C'est qu'il savait voir et dégager les subtiles impressions résultant de l'atmosphère et de la dispersion des rayons lumineux. On lui a reproché d'abuser du noir. Assurément les lignes de ses paysages sont nettement accusées et, sous les tons variés qui les recouvrent, elles apparaissent comme les muscles dans une consciencieuse académie ; on songe parfois, devant certaines toiles, où les arbres sombres font ressortir des maisons aux toits rouges, aux colorations puissantes et un peu heurtées de Ribot. Mais cette manière bien personnelle à Pelouse d'accentuer tous les détails, sans exagérer leur importance, pour arriver à un effet d'ensemble vrai et saisissant, constitue précisément l'originalité de ce talent de premier ordre. A côté de ces grandes pages superbes : Saint-Jean-le-Thomas, Effet de lune, Matin sous bois, Coupe de bois, qui obtint une première médaille au Salon de 1876, nous citerons la Vallée du Mont-Dore qu'avait envoyée le Musée de Clermont ; le Puy Gros, un précieux bijou ; la Grande-Cascade ; la vue du Mont-Dore, qui appartient à M. Méliodon ; les coutelleries de Thiers et sept panneaux inspirés aussi par l'Auvergne.

Il nous souvient d'avoir rencontré deux fois le grand et regretté paysagiste. D'abord en 1872, par un beau temps d'été, nous nous trouvâmes ensemble à Cernay, ce coin paisible des environs de Paris, assez éloigné vers Chevreuse et Dampierre, pour donner l'illusion d'un voyage, dont les coteaux boisés ou tout roses de bruyères sont appelés montagnes par les rapins enthousiastes, et dont les petites chutes d'eau sur des rochers minuscules prennent pompeusement le nom de cascades; nature riante et douce et vallons modérés, mais pleins de beaux arbres, d'eaux vives, de buissons enchevêtrés dont Pelouse a compris et exprimé le charme et la poésie. Dans la vaste salle à manger de l'hôtel Margat, aux murs couverts d'études, de pochades et de toiles d'artistes, nous l'avons vu jeune, gai et souriant, avec sa bonne figure et sa barbe blonde. La réputation commençait, l'espérance touchait à la réalité; l'avenir était rose. Nous avons pu apprécier alors la vivacité de son esprit et sa bonne humeur inaltérable. Une autre fois, c'était en 1878, il est venu nous prendre pour aller à une de ces belles fêtes du Ministère de l'Instruction publique, dont on a conservé le souvenir. Un ami commun, un député, empêché ce jour-là, nous avait demandé de présenter au Ministre le peintre alors dans la plénitude du talent et du succès. Nous partîmes donc pour la rue de Grenelle et, en entrant dans les salons officiels, nous présentâmes Pelouse à M. Bardoux : « Monsieur, lui dit le Ministre, vous êtes décoré. » Voilà une formule de salutation qui assurément n'est point banale.

*
* *

Des conceptions artistiques de Pelouse à celles des peintres qui se sont rangés sous la bannière du Sar Peladan, il y a presque la distance de la terre aux étoiles. Le même public a cependant envahi pendant longtemps les galeries de Durand-Ruel, trouvant à admirer, parmi ces essais souvent obscurs et bizarres, quelquefois savamment suggestifs.

Nous avons été surpris d'y rencontrer un de nos compatriotes, M. Charles Maurin, dont le talent est apprécié. Sa composition, l'*Aurore*, présentait un dessin irréprochable, mais étonnait les regards par un coloris ultra-fantaisiste et par des poses allégoriques déconcertantes.

Le paysagiste Bellel est bien connu de nos lecteurs. Ce doyen de la peinture, depuis longtemps hors concours, avait réuni cent trente tableaux et fusains qui ont été vendus, le 19 mars, à l'hôtel Drouot. On a pu faire, ce jour-là, un voyage en Auvergne, en plein Paris. Les œuvres de Bellel, qui a aussi étudié l'Algérie, sont, en effet, presque toutes inspirées par notre pays. Thiers et Châteldon ont été ses haltes préférées. Les ravins, les rochers, les ruisseaux des premières assises des montagnes du Forez, un peu transfigurés par une imagination romantique, nous ont apparu comme évoqués par ce vigoureux pinceau. Il en a fait surtout ressortir le caractère grandiose, sévère, quelquefois terrible et fantastique. Théophile Gautier n'a-t-il pas dit, dans son *Voyage à Constantinople* : « J'ai rencontré en ma route de bien beaux Bellel. » C'est que sa nature l'a toujours poussé vers les aspects farouches que l'on peut découvrir en Auvergne, à côté des plus riantes perspectives. Mais dédaignant ces dernières, il s'est obstiné à dresser son chevalet devant les ravins dénudés, les chênes déracinés par les torrents ou brisés par la foudre, les vieux châteaux démantelés au-dessus des précipices, et c'est la raison de l'unité et de la valeur de son œuvre. Le Musée de Riom a bien fait d'acquérir la *Route de Lachaux à Châteldon,* une toile superbe, avec ses grands arbres mêlés aux rocs, sur les profondeurs étincelantes de lointains merveilleux.

** **

La Société des Artistes indépendants, basée sur la suppression du Jury d'admission, a pour but de permettre aux artistes de présenter librement leurs œuvres au jugement du public. Tel est le programme de cette Société qui a ouvert sa huitième exposition au Pavillon de la Ville-de-Paris, aux Champs-Elysées.

A côté des tentatives avortées des *Tachistes*, on y remarquait plusieurs toiles de peintres connus et même de Luministes éclairant la route vers les nouveaux horizons. Nous y avons admiré les portraits toujours réussis de Mlles Marie et Cécile Desliens, dont les habiles pinceaux s'entendent et s'unissent, sans qu'on puisse distinguer la part de chacune des gracieuses collaboratrices : un portrait d'homme très étudié et un ravissant profil de jeune fille. Le *Jeune Pierrot*, des mêmes artistes, est une délicieuse fantaisie, et l'*Hiver en Bourbonnais* un consciencieux paysage saisissant de vérité. Mlles Desliens, bien connues comme portraitistes, auront aussi une réputation méritée comme peintres de genre.

M. Dupérelle, dans ses deux études faites à Orsay et à Lozère (Seine-et-Oise), s'est fait remarquer par la netteté, la franchise de son dessin et la vigueur de son coloris. Ses coins de nature, facilement et fortement peints, plaisent aux regards par la justesse des tons et la variété de l'ensemble. Nous avons retrouvé, aux Indépendants, M. Serendat de Balzim avec des œuvres importantes. Ce sont des portraits, des scènes de genre, comme cette *Fin de Flirt*, très fin de siècle, et cette jeune Alsacienne priant pour la France, devant laquelle s'est arrêté M. Carnot, en félicitant l'auteur. Quant à la *Néréide*, c'est une composition pleine de charme et de volupté. Sur la vague écumante qui la soutient, la belle nymphe de la mer, aux longs cheveux d'or, à la carnation rose et fine, s'étend dans une pose harmonieuse et, de sa main délicate, semble vouloir atteindre la mouette qui vole au-dessus de sa tête et dont les ailes blanches se détachent sur un ciel bleuâtre et violacé, d'une douceur infinie.

*
* *

Tous les deux ans, depuis 1885, sous la présidence de M. Eugène Guillaume, l'éminent statuaire, et avec l'aide de M. François Bournand, l'érudit critique d'Art, l'éditeur E. Bernard organise, avec grand succès, l'exposition de *Blanc et Noir*. Elle a été installée, cette année, au Palais des Arts libéraux, au Champ-de-Mars. Elle était des plus attrayantes. Car à côté des dessins, des eaux-fortes, des aquarelles, on pouvait voir les superbes collections d'estampes japonaises de MM. Bing et Vever, et la section si intéressante consacrée à la gravure rétrospective.

L'Auvergne y était dignement représentée. Les fusains de M. Ducaruge offrent l'intérêt de tableaux, tant il est devenu maître de son crayon, avec lequel il obtient des effets imprévus de couleur et de relief. La vue de la Voûte-Chillac, le pays où il est né, a du caractère, avec sa vieille église, ses coteaux, sa rivière où le pêcheur jette sa ligne. Les *Bords du Lignon* ne rappellent en rien les pastorales de l'Astrée. La rivière est large et torrentueuse, bordée de rochers et de grands arbres, d'un aspect farouche qui aurait mis en fuite les tendres bergers d'Honoré d'Urfé. M. Ducaruge a exposé aussi, aux Champs-Elysées, deux superbes fusains, d'une rare intensité de rendu et de vérité : les gorges de Saint-Victor, près de Saint-Etienne, et les bords de l'Allier, dans la Haute-Loire. Les dessins à la plume de M. Edmond de Lastic, pour le *Vichy pittoresque*, édité par Bernard, révèlent un talent souple et fécond. Voici une gracieuse Japonaise de Mlle Jeanne Hugon, née à Saint-Flour, et un fin portrait au crayon de Mlle Rosette Figuiéra. Les eaux-fortes de M. Henri Reynaud, né à Bourdon, près Clermont, matinée brumeuse ou laisses de l'Allier, sont habilement exécutées, et le *Retour des champs* qui figure aux Champs-Elysées constitue une composition originale et vraie dans laquelle nous ne critiquerons que les hachures un peu trop accentuées des nuages.

Voilà maintenant des paysages d'Auvergne :

Une très jolie vue de Royat, aquarelle de M. Victor Ista, que nous avons plusieurs fois signalé; d'autres aquarelles largement pointes par M. Flavien Poitevin, représentant des sites des environs de Thiers : Les Garniers, la vieille tour du Cros, le village de Panthèze; celles plus lâchées de M. André Fossey : une cascade sur la route de Murat, maison de paysan et le pont de Fontanges (Cantal); une autre, très petite mais d'un grand effet, de M. Louis Carrau : *Souvenir d'Auvergne;* puis des pastels de Mlle Boitelet : Les Malavaux, près Vichy, et le Noël d'Auvergne (éventail); Les bords de l'Allier, par Mlle Marie Vacher; deux vues d'Auvergne, à la mine de plomb, par M. Farin, et, enfin, deux bonnes études à la plume, de M. Albert Bance, représentant des passages pittoresques du vieux Royat.

*
* *

C'est aussi au Champ-de-Mars qu'a été ouverte la première exposition de l'Union libérale d'Artistes français. La tentative n'a pas, dès le début, présenté un bien vif intérêt. Mais elle est encouragée par des peintres de talent : MM. René Vauquelin, président de l'Association; Gilardot, qui écrit aussi sous le nom de Jean des Vignes; Eugène Beyer, Gustave de Maupassant, le père du grand romancier. Nous y avons découvert un ravissant paysage : Souvenir de Murat-le-Quaire, par M. Louis-Georges Brillouin, un artiste depuis longtemps connu et apprécié, et une vue de la Roche-Arnaud, par Mlle Marie Grobon, née au Puy.

Ne quittons pas les Palais de l'Exposition de 1889 et allons visiter le Salon du Champ-de-Mars, rival du Salon des Champs-Elysées. Il en est déjà à sa troisième année. Il se distingue toujours par une série d'œuvres de maîtres qui suffirait pour justifier son succès. On irait uniquement pour admirer la grande page décorative de Puvis de Chavannes, l'*Hiver*, destinée à l'Hôtel-de-Ville de Paris; les portraits de Carolus-Duran, de Dagnan-Bouveret; les paysages de Cazin, de Damoye, de Billotte; les sculptures de Dalou et de Saint-Marceaux. Mais à côté de ces œuvres incontestées se trouvent, en trop grand nombre, les essais souvent malheureux des chercheurs et des audacieux. Après tout, cet encouragement n'est peut-être pas inutile; car quelques-uns finissent par trouver un effet imprévu et réellement artistique, et quelquefois, en peinture comme ailleurs, l'audace est favorisée par le hasard.

Nous signalerons, comme intéressant l'Auvergne : *La brume du matin au bord de l'Allier*, toile agréable de Mlle Boitelet, née à Guéret, déjà exposante au *Blanc et Noir;* une jolie gouache de M. Louis Tynaire, *Une Patineuse;* les miniatures finement exécutées, mais toujours un peu sèches (la miniature serait-elle réservée aux pinceaux moelleux des femmes?) de M. Dinaumare, né à Riom, et qui sont les portraits de Mme Gravière, de MM. Maurice Lefèvre et Niel. Deux grands tableaux qui indiquent un talent original, très en progrès, ce sont *Le Départ pour la Pêche* et *Les Promises* de M. Charles Cottet, né au Puy. Ces promises, dans leurs robes rayées, de couleurs tendres, avec leurs coiffures originales, leurs minois rouges et éveillés, sont un régal pour l'œil et expriment bien l'espoir entrevu et la joie de vivre. Le même artiste a exposé une série d'aquarelles faites d'après nature en Algérie, où toutes les audaces du coloriste sont poussées au paroxysme. Ces rochers écarlates, ces terrains jaunes d'or, ces montagnes indigo ou lilas tendre étonnent et provoquent un mouvement de surprise qui se changerait bientôt en intérêt si les couleurs étaient moins violemment heurtées.

M. Albert Lebourg est un habitué des bords de l'Allier, près de Pont-du-Château. Cela ne veut pas dire que l'Auvergne l'occupe exclusivement, puisqu'il s'est inspiré, cette année, des rives de la Seine, surtout par les temps de neige. Sa peinture procédant par larges touches, d'un dessin à peine indiqué, impossible à regarder de près, produit cependant, à la distance voulue, un effet d'harmonie, de fondu et de douceur pénétrante. La vue de Pont-du-Château, s'étageant sur le coteau, avec, au centre, sa vieille construction seigneuriale, la rivière coulant à ses pieds en reflétant un ciel brouillé, et le coin de terre broussailleux du premier plan, forme un ensemble nouveau, inattendu et juste cependant. Nous devons signaler également, au Champ-de-Mars, l'exposition internationale de photographie.

On voit ainsi que ces vastes salles, désertes depuis 1889, sont devenues de superbes musées et, en entendant les accords plus ou moins mélodieux des cafés-concerts, on peut se faire l'illusion d'une réouverture de l'Exposition universelle.

*
* *

Quelques lignes doivent être consacrées à l'exposition du 5 mai, organisée par le secrétaire de la *Soupe aux Choux*, le docteur Léon Deschamps. C'est un salon intime, exclusivement auvergnat, mais fort intéressant. Nous nous contenterons d'énumérer les envois d'artistes déjà cités ou que nous retrouverons plus loin. Nous devons signaler un excellent début, celui de Mlle Thérèse Morange, qui s'est révélée comme une aquarelliste d'avenir; ses fleurs sont largement peintes, habilement groupées; ses compositions sont ingénieuses; le coloris en est d'une intensité rare, à faire croire qu'elle a découvert les secrets des peintres japonais. Les sculpteurs Bartholdi, Mombur, Puech, le ciseleur Diomède, l'architecte Emile Camut, avaient répondu à l'appel. Nous avions des portraits et des fantaisies de Mlles Desliens, de Mlle Nicolo, de Mlle Beyne; des paysages de Vergèses, Franc Lamy, Dupérelle, Costilhes, Carot; une série d'études faites en Auvergne, par Jean Desbrosses; des tableaux de genre de Cornet, Assézat de Bouteyre,

Petit-Gérard, enfin un ensemble remarquable d'œuvres, d'études et d'ébauches évoquant notre admirable pays.

Nous insisterons particulièrement sur deux œuvres nouvelles de Schenck, que l'excellent paysagiste, délaissant le Salon, avait réservées à notre petite exposition. Les *Chaumes* et les *Meules* continuent avec le même talent et le même bonheur la série de nos vues de montagnes, des hauts plateaux dénudés, des lointains et des horizons sur les plaines luxuriantes de la Limagne.

*
* *

Malgré toutes ces expositions, malgré celle du Champ-de-Mars, plus directement organisée afin de lui faire échec, le Salon des Champs-Elysées est toujours la grande attraction du printemps parisien. Par le nombre d'œuvres d'art, par l'agencement, par l'ensemble et la tendance générale, par la distribution de ses médailles, il conserve sa place et ses fidèles, et ses récompenses n'ont rien perdu de leur valeur. C'est là que nous avons remarqué le plus grand nombre d'artistes ou de sujets rentrant dans le cadre spécial de ces études.

Notre compatriote Mombur vient d'y conquérir enfin cette distinction si enviée et si parcimonieusement accordée, une médaille de deuxième classe. Son groupe superbe, *Baiser filial*, justifie et au delà la récompense du jury. Cette composition est, en effet, de premier ordre. C'est une synthèse simplement et magistralement exprimée du sentiment le plus vrai et le plus pur, l'affection familiale. Elle est traitée avec le style de la sculpture antique, tout en donnant, malgré le nu, une impression profonde de modernité. Le père, un homme dans toute la force de l'âge, d'une musculature vigoureuse où se révèlent, sans déformation, les rudes efforts des travaux rustiques, soutenant d'une main sa grande faux dont la lame se recourbe appuyée sur le sol, enlace de l'autre le corps souple et délicat, d'une exquise suavité de lignes, de son jeune fils qui se soulève sur ses pieds d'éphèbe pour tendre le front au baiser paternel. Il y a dans ces deux visages une noblesse et une douceur infinies, qui résument la sérénité du devoir accompli, l'amour et le dévouement, la joie de se retouver et de s'étreindre après le labeur du jour. La scène la plus ordinaire, un fils dans les bras de son père, au retour des champs, exprimée ainsi, devient une allégorie vivante qui touche, émeut et élève l'âme, en condensant tout ce qu'il y a de grandeur et de bonheur vrai dans le travail et la famille, cette dernière sauvegarde des sociétés actuelles. Cette composition continue la série si personnelle des œuvres de Mombur, d'un style toujours irréprochable et d'une parfaite unité : la *Paysanne d'Auvergne*, résignation et amour maternel; le *Sauveteur*, sacrifice et oubli de soi-même; l'*Idylle*, amour chaste et timides aveux; *Baiser filial* enfin, tout un poème dans une caresse. Rappelons encore, pour constater la fécondité de l'artiste : le *Béranger*, qui orne une des façades de l'Hôtel-de-Ville de Paris; l'*Hébé* du Salon de 1890 et un grand nombre de bustes et de statues, parmi lesquelles celle du baron de Barante. Voilà des années bien employées depuis le second grand-prix de Rome obtenu en 1879, et toute l'Auvergne doit s'associer et applaudir au succès bien mérité de son enfant. Le même artiste a aussi envoyé le buste en bronze de M. Salneuve, ancien juge de paix. Un élève de Mombur, M. Louis Beuque, a exposé le buste de M. Salneuve, le regretté sénateur du Puy-de-Dôme.

C'est un rêve réalisé que le gracieux groupe en marbre de M. Jean Coulon, *Rêve d'amour*, puisque la jolie rêveuse, au corps charmant, à demi pâmée, porte sur son épaule l'enfant Eros lui-même, l'archer divin, accouru à son appel et lui tendant ses lèvres adorables, au sourire enivrant et trompeur. L'ancien pensionnaire du Département nous a aussi donné le portrait en marbre de M. Gerville-Réache, député. Signalons le buste en bronze d'un autre député, M. Guyot-Dessaigne, par M. Auguste Maillard, dont la statue, *Icare*, a obtenu une mention honorable ; un intéressant médaillon de M. Champeil et le buste exécuté par M. Bourgeot, pour l'hôtel de la Préfecture de Lyon, représentant un des hôtes illustres de l'Arvernie au IV⁰ siècle, Sidoine Apollinaire.

Auguste Bartholdi, ce fils de l'Alsace, que l'Auvergne a été heureuse et fière d'accueillir comme son enfant, n'oublie pas sa petite patrie d'élection. Son Vercingétorix est populaire, comme la statue de la Liberté éclairant le monde. Cette année, on a pu contempler un groupe grandiose en bronze qu'un citoyen de New-York a offert à la Ville de Paris et dans lequel Bartholdi a symbolisé l'union de la France et des Etats-Unis d'Amérique, en montrant Washington serrant la main du jeune La Fayette, cette pure gloire de notre pays. C'est l'admiration pour ce héros auvergnat qui a conduit M. Doniol à la publication de fécondes recherches et de précieux documents sur la guerre de l'Indépendance, et qui a inspiré à M. Bardoux un ouvrage du plus haut intérêt, dont le premier volume vient de paraître.

A la section d'Architecture, nous avons remarqué un beau travail de M. Emmanuel Brun, né à Clermont : Relevé et restauration du tombeau de Renée d'Orléans-Longueville, à l'abbaye de Saint-Denis. Les portes de Montferrand, par M. Chassaigne, qui est aussi de Clermont, justifient les nombreux succès du jeune architecte à l'Ecole des Arts. Quant à M. Emile Camut, l'artiste distingué, depuis longtemps hors concours, c'est encore l'Auvergne qui lui a fourni son envoi avec le château de la Canieu. M. Victor Petitgrand, qui est aussi un architecte connu, a étudié et reproduit les divers aspects de l'église de Mailhat.

Nos graveurs ont été représentés au Salon par M. Julien Tinayre, né à Issoire. Ses gravures sur bois ont du mérite. Elles représentent le cours libre de M. Pierre Laffitte au collège de France, d'après une gouache de M. Louis Ti-

nayre, dont nous avons plusieurs fois parlé ; les côtes du
Maroc, d'après Delacroix ; quatre sujets pour une nouvelle
de Guy de Maupassant, et une répétition au Théâtre-
Français. Il faut encore mentionner une eau-forte, le
Vieux-Pont, en Auvergne, par M. Georges Serrier ; une
fort belle gravure, les Taureaux d'Auvergne, d'après Rosa
Bonheur, par M. Lionel Le Couteux ; enfin, un bois fine-
ment exécuté par Mlle Madeleine Florimond, la Vierge et
l'Enfant Jésus, sous un dais, dans l'église du Marthuret, à
Riom.

Nous avons signalé plus haut les fusains de M. Ducaruge
tant au *Blanc et Noir* qu'au Salon. Mais nous ne quit-
terons pas la section des dessins sans constater les grands
progrès de Mlle Cécile Chalus. Ses deux pastels ont peut-
être plus de charme que ses peintures. Nous insisterons
spécialement sur la jolie tête de Bretonne, au bonnet blanc
envolé, aux yeux clairs et chauds, à la bouche savoureuse
comme un fruit entr'ouvert, qui a dû oublier dans Paris la
douce mélancolie des Pardons de Sainte-Anne d'Auray.

Nous voici maintenant devant deux grandes toiles de
M. Franc Lamy. Les portraits de Mme *** et de ses enfants
forment un tableau complet. Dans un frais paysage de parc
en fleurs, la jeune mère et ses enfants sont réunis et rien
n'est charmant comme ces figures roses et ces cheveux
blonds, ces dentelles et ces vêtements clairs, sous les jeux
de la lumière blonde et près des roses épanouies. *Le
Renouveau* est une de ces fantaisies dont le peintre a le
secret. Sur les bords du ruisseau limpide où nagent les
cygnes, dans la vaste prairie ponctuée de fleurettes, où se
dressent les tiges longues et minces des peupliers grêles et
des bouleaux blancs, aux feuillages ténus, les jeunes bai-
gneuses, dont les cheveux dénoués flottent sur les longs
peignoirs vaporeux, se promènent après le bain, et rêvent,
heureuses de se voir si belles en ce pré vert et s'amusent

à disperser, sous leur souffle pur, les houppes légères et duvetées des synanthérées agrestes.

M. de Vergèses, après avoir demandé à l'Algérie des inspirations originales, est revenu tout naturellement à ses sujets préférés, pris dans les milieux les plus divers, ateliers, mansardes ou salons de Paris. Le *Petit lever d'une Parisienne* charme le regard par l'exquise finesse du coloris. C'est bien là une symphonie en blanc mineur, pour employer encore une fois la jolie expression de Théophile Gautier. A peine quelques tons roses et bleutés apportent leur note plus vive dans cet ensemble où tous les blancs se fondent dans une discrète harmonie. Voilà une ravissante composition qui avait les honneurs de la cimaise et qui a obtenu un vif succès.

Nous allons, avec M. Assézat de Bouteyre, dans un milieu moins élégant, mais bien parisien aussi. C'est la chambre simple et nue, où la fleuriste travaille avec courage pour gagner honnêtement sa vie. Elle a veillé bien tard, devant sa petite table, où les fleurs artificielles nées sous ses jolis doigts attendent d'être réunies en bouquets, et, sur sa chaise de paille, elle s'est endormie, vaincue par la fatigue. Le petit jour la surprend dans cette attitude et éclaire son visage régulier où se lisent la résignation et la tristesse. L'expression est juste ; le sentiment moderne et vrai. Les tons clairs et violacés de la jeune école attirent M. Assézat de Bouteyre, qui les emploie, du reste, avec discrétion et talent. Ainsi a pensé le jury, qui lui a décerné une mention honorable.

Une mention a également récompensé les efforts de M. Petit-Gérard, qui s'est fait remarquer comme peintre de scènes militaires. Cette année, il a abandonné les camps et les souvenirs de la triste guerre pour nous conduire dans son atelier et dans le salon de lecture du Bon-Marché. Cette dernière toile est d'une vérité frappante, d'une exactitude photographique, relevée par la justesse des poses, le fini des détails et la variété savante de la coloration.

Le coin du Jura, qu'a reproduit M. Jules Viennet, révèle un paysagiste consciencieux et habile, qui doit aimer la nature et l'étudier avec passion. Il sait la peindre avec bonheur et l'interpréter aussi dans ses eaux-fortes. Les pittoresques tanneries de Maringues lui ont inspiré une excellente gravure.

La grande toile de M. Martin Coulaud, né à Cournon, *Retour du troupeau*, est d'un bel effet. Elle évoque, avec la mélancolie des impressions anciennes, les souvenirs de nos campagnes par les soirs d'automne. Derrière le vieux berger, portant un agneau dans ses bras, la troupe nombreuse et serrée des moutons se hâte sous l'aboiement du chien qui, du haut d'un tertre, dirige la marche et veille au bon ordre. La grande plaine nue, déjà sombre, s'étend jusqu'à l'horizon borné par des haies ou des coteaux à peine estompés et, dans le fond, au-dessous d'un vaste ciel limpide, une longue bande de nuages est encore teintée d'un rouge morne par les derniers rayons du soleil disparu.

Enumérons quelques portraits : ceux de Mlle Jeanne Bos et de Mme C..., par Mme Marie Vasselon, bien connue de nos lecteurs ; celui de M. J..., par un artiste de valeur, M. Joseph Bernard, né au Puy, et celui de M. Guyot-Dessaigne, député, par M. Costilhes, dont nous avons plusieurs fois signalé les paysages.

Il nous reste à parler des peintres qui ont demandé à l'Auvergne leurs inspirations. Voici deux figures décoratives dont l'une nous est particulièrement chère : *La Bretagne et l'Auvergne*. Elles sont destinées à la salle des Fêtes de l'Hôtel-de-Ville de Paris. Les nombreux Auvergnats qui s'y pressent, les jours de bal, pourront ainsi contempler la personnification robuste et fière de leur pays dans une pose noble et michelangesque. Ils la reconnaîtront facilement à l'épée et au casque gaulois qu'elle tient sous son bras puissant, à sa cape aux larges plis de montagnarde et aussi au serre-malice des femmes de Latour, qui orne son vaste front. Cette œuvre est due au pinceau vigoureux de François Ehrmann.

M. Achille Sirouy a représenté la buvette de La Bourboule, et M. Flavien Poitevin, déjà cité, nous a ému avec son effet de lune, dans une rue de Thiers : la rue du Pavé, si pittoresque avec ses vieilles murailles, débris des remparts de la ville, sa grosse tour où brillent les feux de la forge, sous une lumière lunaire qui répand sur tout le paysage une uniforme buée verdâtre et comme une teinte de mélancolie.

Nous finirons par un maître, un fidèle admirateur de l'Auvergne, Jean Desbrosses. Il a su réussir dans une tentative difficile, représenter dans leur infinie variété les vastes horizons des montagnes, les colorations imprévues de leurs neiges ou de leurs sommets, les verts intenses de leurs vallées. Les peintres connus de la Suisse, Calame, Karl Girardet, n'y ont réussi qu'à moitié. Gustave Doré, dans ses énormes toiles, malgré un talent incontestable, y a échoué. L'écueil est de tomber dans la vue panoramique ou dans le décor d'opéra. Jean Desbrosses a vaincu ces obstacles par le choix raisonné des aspects, l'amour profond de la nature, les richesses d'une palette où Chintreuil a oublié ses plus vives couleurs. Mais s'il a été le plus dévoué propagateur de la gloire du peintre de *Pluie et Soleil*, s'il a suivi, en ami et en disciple fervent, les leçons de son illustre maître, il a su dégager depuis longtemps sa personnalité et l'ensemble de son œuvre lui appartient en propre. On dit : voilà un Desbrosses, comme on dit : c'est un Chintreuil. Ce qui caractérise la manière de Jean Desbrosses, c'est la puissance dans l'expression, la compréhension simple et naïve des beautés naturelles, la tendance innée vers les paysages alpestres ou les pentes sévères des Dômes. On peut s'en convaincre devant le magnifique plateau de Tortebesse, au lever de la lune. Il en a exprimé merveilleusement la grandeur calme, la solitude majestueuse, l'atmosphère légère et pure. Il n'y a sur ce plateau que des mousses, des rochers à fleur de terre, quelques arbustes. Mais comme il captive le regard et éveille les hautes pensées sous ce vaste ciel où monte, entre deux gros nuages, le globe argenté de la lune.

L'autre paysage de Jean Desbrosses, le *Chemin des Artistes*, près du Mont-Dore, étonne par la force du rendu et l'intensité du coloris. Les sapins géants, d'un vert sombre, se dressent vigoureusement sur les bords de la route sablonneuse et escarpée, où monte avec peine un char supportant la pile énorme et droite d'un arbre coupé, tandis que tout le ciel, entre les branches presque noires, s'enflamme et se colore sous les feux du soleil couchant, qui teint de vert, de rouge et de jaune d'or les nuages pareils à des écharpes féeriques tendues obliquement sur l'horizon. Il faut avoir vu les couchers de soleil, sur nos montagnes, pour ne pas croire à quelque audacieuse fantaisie d'un pinceau enthousiaste. Mais on comprend bien vite que la nature a été prise sur le vif dans une de ses manifestations toujours renouvelées et qu'elle est pour moitié dans cette exubérance de lumière et de couleur. C'est, en effet, de cette collaboration féconde que sont toujours nées les œuvres fortes et durables.

Paris, 22 juin 1892.

Clermont-Ferrand. — Imprimerie Mont-Louis, rue Barbançon, n° 2.

CLERMONT-FERRAND. — IMPRIMERIE MONT-LOUIS, RUE BARBANÇON, 2